Loi 49-956 du 16.07.1949 sur les publications destinées à la jeunesse
Dépôt légal : 4e trimestre 2007

ISBN : 978-2-7459-3006-4
Imprimé en Italie

Ghislaine Roman

Olivier Latyk

Bientôt Noël !

24 histoires pour attendre Noël

MILAN
jeunesse

Bientôt Noël !

24 histoires pour attendre Noël

Le 1er décembre, le père Noël rassemble ses rennes.

Pour rassembler ses rennes, le père Noël sort dans la forêt qui entoure sa cabane et il agite une petite cloche d'or. En général, les rennes arrivent dès qu'ils entendent la cloche. Mais parfois, ils restent à gambader et à brouter les lichens qui pendent des branches.

Cela agace le père Noël, mais il ne le leur dit pas. Si près du grand jour, ce n'est pas le moment de se fâcher avec son attelage ! Alors, il les caresse, leur nettoie les bois comme si de rien n'était et les installe bien confortablement dans sa grange.

Le 2 décembre, le père Noël est enrhumé.

Cela ne rate jamais. Les lutins ont beau lui dire de se couvrir, lui tricoter moufles, écharpes et bonnets, le père Noël attrape froid chaque fois qu'il sort pour chercher ses rennes.

Les lutins lui préparent des infusions, des fumigations, des médications... et, quand le père Noël menace d'éternuer, ils s'accrochent à tout ce qu'ils peuvent attraper (parce que, pour eux, c'est une véritable tempête).

Le 3 décembre, c'est le jour des rubans.

Il s'agit d'une opération aussi délicate que compliquée qui a lieu à la tombée de la nuit. Au clair de lune, les lutins se font la courte échelle pour atteindre le ciel. Là, ils cueillent des fils d'étoiles et les tissent ou les tressent pour fabriquer des rubans. Les lutins qui sont restés en bas les enroulent autour de gros rouleaux. Il faut beaucoup de rubans… des dorés surtout parce que, pour Noël, les gens aiment bien ce qui est doré.

Heureusement, l'hiver, c'est justement le moment où les étoiles brillent le plus !

Le 4 décembre, les lutins se reposent.

L'expédition de la veille les a beaucoup fatigués et ils restent dans leurs petits lits à rêver des étoiles.
Très peu de personnes le savent, mais toutes les berceuses de la terre ont été écrites ce jour-là, par le père Noël. Elles parlent toutes de petits lits douillets, de rêves tendres, de câlins et de bisous.

En fait, le père Noël aime beaucoup ses lutins, un peu comme s'ils étaient ses enfants, mais il ne le leur montre que lorsqu'ils sont endormis. Il est si timide...

Le 5 décembre, c'est le jour des traductions.

Le père Noël parle un très vieux langage connu seulement des lutins. C'est un langage fait de sons magiques et de formules bizarres. Il faut donc traduire toutes les lettres qui arrivent pour qu'il n'y ait pas d'erreurs dans les commandes.
Pour chaque langue de la terre, il y a un lutin traducteur. Heureusement, car le père Noël reçoit du courrier du monde entier.

Certains lutins sont spécialistes de langages que plus personne ne parle depuis longtemps.
Ils n'ont donc aucune lettre à traduire.
Pour se rendre utiles, ce sont eux qui font la cuisine ce jour-là.

Le 6 décembre, on s'occupe des coussins du traîneau.

Plus le père Noël vieillit, plus il a besoin de confort.
C'est pourquoi les lutins s'occupent du traîneau et laissent pousser leurs cheveux. Pendant plusieurs mois, ils se font des chignons, des nœuds papillons, des tresses et toutes sortes de coiffures extraordinaires et compliquées. Mais ce jour-là, ils se mettent deux par deux, face à face, et hop, deux coups de ciseaux ! Il ne reste plus qu'à rembourrer le coussin et à le refermer de quelques points cousus serré. Par chance, les cheveux des lutins n'arrêtent jamais de pousser.

Alors, d'année en année, le coussin du traîneau est de plus en plus douillet.

Le 7 décembre, en général, on repeint le traîneau.

Chaque année, les lutins essayent de convaincre le père Noël de changer la couleur du traîneau. Pourquoi pas du vert, de l'orange ou du violet ? Pourquoi pas des pois, des rayures ou des carreaux ?

Mais le père Noël n'a jamais voulu. Il y a tellement de livres où on le voit dans un traîneau rouge que cela créerait beaucoup de complications si, tout à coup, il fallait refaire tous les dessins des livres de Noël.

Le 8 décembre, c'est le jour des semis.

Le père Noël et les lutins sont très attachés à leur forêt et ça les rend tristes qu'on coupe tant de sapins pour les décorer. Alors les lutins ont passé un accord avec les écureuils : ils les aident à faire leurs provisions d'hiver et, en échange, ceux-ci dispersent les graines en sautant de branche en branche.
Il suffit pour les lutins de remplir des petits sacs avec les graines de sapin et d'épicéa, puis de les fixer sur le dos des écureuils qui le veulent bien. Il arrive que quelques lutins particulièrement casse-cou accompagnent les écureuils en les chevauchant comme s'ils faisaient un rodéo.

Ce n'est pas un moyen très rapide, mais c'est très amusant et, de toute façon, les lutins ne sont pas pressés.

Le 9 décembre, le père Noël révise les formules magiques.

Pour réviser les formules magiques, le père Noël sort le vieux grimoire de son coffre. Comme les lutins ne doivent pas entendre les mots, ils se bouchent les oreilles avec des boules de coton, des pelotes de laine, enfin tout ce qui leur tombe sous la main.

Une année, un lutin a essayé de surprendre le secret. Quand le père Noël s'en est rendu compte, il s'est mis dans une colère épouvantable. Pas parce qu'on lui avait désobéi, mais parce que c'est vraiment très dangereux pour les lutins : leurs oreilles sont beaucoup trop petites pour un secret aussi gros.

Le 10 décembre, le père Noël met ses bigoudis.

En fait, le père Noël est très coquet. Il aime que sa barbe soit bien blanche et bien ondulée. Pas bouclée, ni frisée. Il ne faut pas exagérer. Juste une petite mise en plis. Mèche après mèche, les lutins l'aident à installer les rouleaux. C'est un travail long et fastidieux, mais il faut ce qu'il faut.

Heureusement, le père Noël dort sur le dos...

Le 11 décembre, c'est le jour de la photo.

Tout le monde se fait beau et se réunit devant la cabane. L'appareil photo du père Noël est un modèle très ancien. Il faut donc rester immobile et attendre que le petit oiseau se décide à sortir. S'il est de mauvaise humeur ou bien s'il fait trop froid, ça peut prendre un certain temps.

Ça énerve les lutins, mais, si on bouge avant, la photo est ratée, et ça fait une page blanche dans l'album de souvenirs du père Noël. Alors tout le monde reste bien sage en faisant « Cui-cui » pour attirer le petit oiseau.

Le 12 décembre, c'est le jour des truffes au chocolat.

On trouve les truffes au chocolat seulement au pied de certains grands chênes.
Il suffit d'approcher à pas de loup, de fouiller un peu la neige, de renifler discrètement, et on les découvre, belles, noires et parfumées.
Si chaque lutin en rapporte quelques-unes, ça fait une bonne provision.
On les met ensuite dans de jolies boîtes rondes, on ferme avec le ruban doré, et ça fait un très beau cadeau pour les gourmands.

Quand un lutin revient de la forêt avec du chocolat au bout du nez, tout le monde comprend qu'il n'a pas pu résister à la tentation mais personne ne lui fait de reproches. C'est tellement bon, le chocolat.

Le 13 décembre, on raccommode les chaussettes.

C'est incroyable, le nombre de chaussettes trouées que le père Noël peut rapporter de sa tournée.
Certaines ont tellement servi qu'il n'est plus possible d'y glisser de cadeaux. Alors le père Noël a pris l'habitude de les emporter avec lui pour les ravauder. Personne ne remarque la différence parce que les lutins sont très habiles. Ils travaillent avec des aiguilles minuscules et un fil très fin.

D'une année sur l'autre, le père Noël n'est pas très sûr de remettre chaque chaussette dans la bonne maison, mais, au fond, cela n'a pas grande importance parce que ce qui compte, c'est ce qu'il y a dans la chaussette.

Le 14 décembre, le père Noël fait un vol d'entraînement.

Pour le père Noël, c'est le moment de vérifier s'il se souvient bien de la formule magique. S'il l'a oubliée, ce n'est pas très grave, il peut encore la réviser.

Sinon, il la murmure dans sa barbe, et le traîneau décolle.
En général, les rennes sont tellement contents de voler à nouveau qu'ils se livrent à quelques acrobaties. Le père Noël n'aime pas trop ça parce qu'il a le mal de l'air.
Chaque année, il faut plusieurs vols d'essai avant que les rennes redeviennent raisonnables.

Le 15 décembre, on s'occupe des papiers cadeau.

Tout au long de l'année, certains lutins ont escaladé les arcs-en-ciel pour remplir les pots de couleurs.
Ils ont ensuite fait des mélanges pour obtenir toutes sortes de nuances de bleus, de jaunes ou de mauves. Il ne leur reste plus enfin qu'à badigeonner, éclabousser et tartiner des feuilles de papier.

C'est un travail vraiment salissant, mais les lutins se disputent pour le faire parce que c'est aussi très amusant… et, plus les lutins se disputent, plus le travail est salissant. Ce jour-là, inutile de chercher le père Noël : il reste dans sa chambre et n'en ressort que lorsque le ménage a été fait !

Le 16 décembre, tout dépend du temps qu'il fait.

S'il y a du vent, les lutins sortent les papiers pour les faire sécher sur de grandes cordes à linge.
Mais, si le temps est très calme, le père Noël va réveiller ses abeilles dans leur ruche.
Elles se mettent alors à agiter très fort leurs ailes en virevoltant autour des papiers.
Elles produisent ainsi un courant d'air chaud et doux qui sèche délicatement les feuilles.

Les lutins ont remarqué que les abeilles sont plus nombreuses autour des papiers jaunes et des papiers bleus. C'est sans doute parce que ces couleurs leur rappellent les belles journées d'été.

Le 17 décembre, on apprend les chants de Noël.

Après la grasse matinée et le petit déjeuner, on apprend des chants de Noël. Un nouveau chaque année.
Depuis longtemps, le père Noël a remarqué qu'il y a un lutin qui chante faux. Il ne sait pas lequel et il n'a jamais cherché à le savoir. Il ne veut pas le décourager parce qu'il est persuadé qu'avec le temps, le lutin finira par chanter aussi bien que les autres.
Et, après tout, il n'est pas sûr de chanter lui-même tout à fait juste.

Le 18 décembre, c'est la pêche aux nuages.

Au cours des années, la technique employée a beaucoup évolué.
Au début, les lutins se contentaient de tendre un piège entre deux étoiles pour capturer les nuages qui passaient. Mais cela ne pouvait se faire que de nuit, et, au matin, on avait parfois des surprises quant à la qualité des nuages attrapés.
Ils doivent être le plus cotonneux, le plus doux, le plus moelleux possible car les lutins s'en servent pour envelopper les cadeaux fragiles tels que les miroirs et les lustres en verre de Venise.

Pas question de se contenter de vieux nuages déchirés ou de lambeaux de brouillard effilochés. Maintenant, la pêche a lieu en plein jour et les lutins utilisent des filets à nuages qui ressemblent assez à nos filets à papillons.

Le 19 décembre, c'est l'anniversaire du père Noël.

Le jour de l'anniversaire du père Noël, personne ne travaille. On dresse la table pour un grand festin à base de miel, de noix et de truffes au chocolat.

Pour faire plaisir au père Noël, les lutins lui préparent une surprise, mais comme ils n'ont ni beaucoup de mémoire, ni beaucoup d'imagination, ils lui font chaque année la même. Le père Noël fait semblant de ne pas s'en rendre compte pour ne pas leur faire de peine, mais il ne sait plus où ranger les cravates... d'autant plus qu'il n'en porte jamais.

Le 20 décembre, certains lutins commencent à pleurer.

Dès le matin, on entend les lutins renifler dans leurs petits mouchoirs.
Puis, à l'idée de ne plus voir le père Noël pendant quelques jours, ils se laissent complètement aller à leur chagrin et commencent à inonder la cabane de leurs larmes. Pour les consoler et les distraire, le père Noël leur propose chaque année un concours de bonshommes de neige. Chaque année, les lutins trouvent que c'est une vraiment bonne idée et, chaque année, ils se mettent au travail avec enthousiasme. Mais ils pensent si fort à leur vieil ami qu'on voit bien à qui ressemblent les bonshommes de neige.

Le père Noël est très flatté… même si parfois les bonshommes ne sont pas très ressemblants.

Le 21 décembre, on commence à charger le traîneau.

Les lutins font la chaîne en se passant le cadeau.
Pour se donner du courage, ils chantent la chanson que le père Noël leur a apprise quelques jours auparavant. Au moment précis où le cadeau touche le traîneau, il disparaît. Au début, bien sûr, les lutins étaient inquiets, mais, maintenant, ils savent qu'il est toujours là. On ne le voit plus, c'est tout.

Et c'est beaucoup mieux comme ça. Sinon, vous imaginez le tas de cadeaux à l'arrière du traîneau ?

Le 22 décembre, c'est le père Noël qui ouvre des paquets.

De partout dans le monde, les lutins des villes (que l'on reconnaît à leur air sérieux et à leurs patins à roulettes) envoient au père Noël les nouveaux livres qui parlent de lui. Il y rencontre des loups, des fées, des sorcières, des souris et des lapins blancs. Cela l'amuse beaucoup parce qu'il n'y a pas un mot de vrai là-dedans : depuis longtemps déjà, il sait que les fées et les sorcières n'existent pas... les lapins le font éternuer et les souris... il faut bien le reconnaître, il en a une peur bleue.

Une nuit, c'est vrai, il a rencontré un vieux loup. Ils ont fait un bout de chemin ensemble et ils ont échangé quelques souvenirs, mais c'est tout !
Alors vraiment, il n'y a pas de quoi écrire un livre.

Le 23 décembre, c'est le jour de la météo.

Il est très important pour le père Noël de connaître la direction du vent. Faire sa tournée dans le sens opposé risquerait de le mettre en retard, ce qui ne doit jamais se produire. Mieux vaut donc être prudent.
Pour cette occasion, le père Noël garde précieusement, bien serrée entre les pages de son grimoire, la plume d'une oie qu'il croisa un jour au-dessus de la Norvège.

Il monte sur le toit de sa cabane en prenant garde de ne pas glisser sur les rondins gelés, puis il lâche la plume et en déduit la direction du vent. Pas besoin pour ça d'être très observateur.

Le 24 décembre, c'est la cérémonie des miroirs.

Au moment du départ, tous les lutins se rassemblent dans une vaste clairière et font cercle autour du traîneau du père Noël. Ils sortent de leur poche un adorable petit miroir cerclé de perles d'or puis le tournent vers l'attelage. Quand l'image du traîneau se reflète dans le miroir, hop ! ils posent leur petite main dessus pour qu'elle ne s'efface pas.
Ils lèvent ensuite leurs bras au-dessus de leurs têtes et laissent les images s'envoler vers le ciel. On voit alors des dizaines d'attelages foncer vers les étoiles pendant que les lutins poussent des hourras en lançant haut leurs bonnets.
Ainsi, le père Noël n'est pas seul pour distribuer les cadeaux. À bien y réfléchir, cela n'est guère étonnant car, sinon, il faudrait que cette nuit-là dure toute l'année, et les lutins seraient vraiment trop malheureux de vivre si longtemps sans leur vieil ami ! C'est donc beaucoup une question d'amitié et un peu, il faut bien le dire, une question de magie.
Mais... chut... c'est un secret !

1
2
3
4
5
6
7
8
9
10
11
12

13
14
15
16
17
18
19
20
21
22
23
24